낯선 사람

김은지 지음

낯선 도시를
사랑하게 만든
낯선 사람들

이름서재

프롤로그

오래된 여행

이 책은 오래된 여행에 관한 기록입니다. 정확히는 12년하고도 9개월이 지난 여행에 관한 이야기지요. 꼭 그때의 나처럼 엉성하고 대책 없었던 이 여행이 실은 여러모로 삶의 흐름을 바꾸어 놓았다는 걸 스스로도 까맣게 잊고 있었습니다.

"책을 내고 나니 인생의 한 챕터가 마무리되는 기분이더라고요."

행복이라는 닉네임을 쓰는 사진작가를 처음 만난 건 비가 아주 많이 오던 여름날이었습니다. 초면에 생기를 가득 머금고 건넨 그의 말에 '아, 내가 아직 어정쩡한 채로 다음 걸음을 주저하는 건 마무리를 제대로 하지 않아서일 수도 있겠다'는 생각이 들었습니다. 덕분에 잊고 있던 여행의 흔적들을 아주 오랜만에 꺼내 보았습니다.

낯선 도시에서 만난 낯선 사람들, 그들과 나눴던 대화, 초점이 맞지 않는 사진, 고장 난 카메라와 빛바랜 필름, 낙서 같은 그림, 차마

다시 읽기 힘든 일기 같은 것들이 봉투에 꽁꽁 싸인 채로 상자 한구석에 놓여 있었습니다. 나름 레이아웃을 짜고, 표지 시안을 만들고, 어떤 글을 어디에 넣을지 메모해 둔 종이도 함께였습니다. 사부작사부작 책 만들 준비를 다 해놓고 결국 완성하지 못한 채 모셔 놓은 게 꼭 나 같았습니다.

 책의 제목은 《낯선 사람》입니다. '낯선 사람'은 낯선 도시를 여행하던 이방인인 저를 의미하기도 하고요. 여행하는 동안 제 카메라에는 주로 사람이 담겨 있더라고요. 풍경처럼 스쳐 간 사람들이 대부분이고, 러브 프로젝트로 만난 사람도 있습니다. 그들 덕분에 사람으로, 사랑으로 이 여행을 기억하게 되었기에 제목은 《낯선 사람》이 좋겠다고 생각했습니다. 그러고 보니 이 책을 만들라고 등 떠민 것도 낯선 사람이었네요.

 아무튼, 저는 이 책을 세상에 꺼내 놓기로 했습니다. 10년 전에 털어냈어야 할 책을 기어코 마감하기로, 그렇게 해서 다음 걸음을 내딛기로요. 이 책을 읽는 여러분도 그러셨으면 좋겠습니다. '일단 시작'하여 '아무튼 마감'하고 나면 여러분의 챕터도 하나쯤 마무리되겠지요. 그렇게 나아가자구요.

일단 시작하며,
김 은 지

| 프롤로그 | 오래된 여행 | 9 |

러브 프로젝트 19
시작은 카즈오 21
시행착오 33
멀고도 가까운 36
행복을 살 수 있다면 51
사랑 후에 오는 것들 61
사랑의 다른 이름 70
미놀타와 포트라 400 81
여행과 일상의 경계에서 88
좋은 놈, 나쁜 놈, 이상한 놈 96
웃을 준비 106
다정하고 사랑스러운 할머니가 되고 싶어 117
세상에서 제일 싫은 사람 128
바람이 분다 137
낯선 사람에게 빚지기 143
더 낯선 도시의 덜 낯선 사람 153
여행의 방법 162
암스테르담행 야간열차 175

| 에필로그 | 이 책이 꼭 세상에 나와야 할까? | 184 |

러브 프로젝트

엄마 친구 아들과 절교한 옛 친구가 임용고시에 턱턱 붙어버리는 만 22세의 겨울. 아빠의 반대를 무릅쓰고 기어코 휴학생이 된 나는 텅 빈 집에서 밥이나 축내며 긴 여행을 준비하는 중이었다. 아 물론 그 준비라는 게 방구석에 누워 여행지에 관련된 책이나 영화를 뒤적이는, 이를테면 '마음의 준비'에 가까운 일들이긴 했지만 아무튼 나는 그 겨울을 여행을 준비하는 데 다 써버릴 작정이었다.

계산기를 두드리는 대신 밑그림을 여러 번 그려보았다. 어디를 갈지, 얼마나 갈지, 어디에서 잘지, 무엇을 볼지 같은 건 정해지지 않았지만 어떤 마음으로 떠돌 것인가에 대해 고심했다.

거기까지 가서 핸드폰 쳐다보지 말자(로밍 없이 떠나기), 계획하지 말자(어차피 계획대로 안 돼), 하고 싶은 건 그냥 하자(창피한 건 한순간이다), 그리고 여행하는 동안 꼭 하나의 프로젝트는 해보자. 이왕이면 여행 중에 만나는 사람들과 같이할 수 있으면 좋겠다.

어떤 프로젝트가 좋을까 고민하다가 실패한 관계들이 떠올랐다. 관계에도 생명이 있다는데 내가 맺는 관계는 언제나 빠르게 타올랐다가 꾸준히 식었다. 그게 다 사랑 때문인 것 같았다. 망할 놈의 사랑. 여행을 핑계 삼아 사람들을 만나서 물어보고 싶었다. 사랑이 뭐라고 생각하는지, 무엇을 가장 사랑하는지.

사랑은 당시의 나에게 가장 중요한 키워드이기도 했고, 보편적인 주제이니 낯선 사람들과 대화를 나눠볼 좋은 구실이 되어줄 것 같았다. 어쩐지 딱 대학생이 할 법한 프로젝트 주제 같기도 했다. 무엇보다 '사랑이 뭐라고 생각해?' 한국에서, 한국어로는 도저히 꺼내보지 못할 대사라 꼭 여행하며 뱉어 봐야겠다고 생각했다. 이름도 정했다. 러브 프로젝트라고. 그렇게 세상에서 가장 오글거리고, 가장 사랑스러운 나만의 작은 프로젝트가 시작되었다.

시작은 카즈오

첫 도시로 런던을 고른 건, 런던에 친구가 살고 있었기 때문이다. 친구가 다니는 학원 일정이 보름 뒤면 끝이라 런던에 머물다가 함께 파리로 짧은 여행을 다녀오기로 한 것이 이 여정의 유일한 계획이었다.

보름 동안 런던에서 내가 한 일이라고는 아침에 일어나 38번 버스를 타고 미술관에 가는 것뿐이었다. 돈 없고 계획도 없는 여행자에게는 미술관만 한 곳이 없다. 대부분 무료인 데다가 규모가 커서 매일 가도 매번 새롭다. 어떤 미술관이든 사람이 많고 연령대가 다양해서 사람 구경하는 재미도 쏠쏠했다. 전시실마다 넉넉하게 설치된 벤치에 앉아 한참 동안 그림 보는 사람들을 보았다. 가만 보니 나이 지긋한 할아버지가 초상화 앞에 서서 드로잉을 한다거나, 어린아이들이 쪼르르 모여 앉아 크레파스를 늘어놓는 게 놀라운 광경이 아니다. 부럽다, 이 모든 게 이벤트가 아니라 일상이라니.

　미술관의 매력에 빠져 보름 내내 어제는 내셔널 갤러리, 오늘은 테이트 모던, 내일은 영국 박물관, 그다음 날은 다시 내셔널 갤러리… 같은 식으로 미술관에서 오전을 보내며 친구의 수업이 끝나기를 기다렸다. 5일쯤 지났을까. 평소처럼 미술관 카페에서 샌드위치로 점심을 해결하고 있는데 누군가 말을 걸었다.

　"안녕, 나는 카즈오라고 해. 5일 동안 런던을 여행하면서 프로젝트를 하고 있어. 혹시 도와줄 수 있니?"

　일명 스마일 프로젝트 중이라는 카즈오는 대뜸 'YOU+( )=Smile' 이라고 적힌 화이트보드를 내밀었다. 날 웃게 하는 것? 별 고민 없이 'Love'라고 적었다. 번뜩, 잊고 있던 러브 프로젝트가 생각났다. 사랑이 뭐라고 생각하는지 묻자 '사랑은 웃는 것'이라는 답이 돌아왔다. 놀고들 있다. 우리는 서로의 프로젝트에 건투를 빌고 킥킥 웃으며 헤어졌다. 당장 아트숍으로 가서 노트 한 권을 샀다. 이러고 있을 때가 아니지, 매일 오전 미술관에서 러브 프로젝트를 하겠어!

막연하게 '하면 좋겠다'가 '당장 해야지'로 바뀐 순간이었다. 질문을 받아 보니 받는 사람 입장은 어떤지, 어떻게 다가가면 좋을지 구체적으로 그려졌다. 카즈오의 화이트보드에서 힌트를 얻어 뭔가 형식을 정해두면 좋겠다는 생각도 들었다. 노트에 'I love ( )'라고 미리 적어두고 무엇을 사랑하는지부터 차근차근 물어봐야지, 아니다, 그림을 그리는 게 직관적일 것 같아. 사랑하는 것들로 채워질 노트를 상상하며 오전 내내 흥얼흥얼 하트를 그렸다.

my name is VALERIO COROSU

→ ALEX

DOGS

i

잠깐
일어나봐 깨워서미
안해난 모르겠어운
오익진짜 마음을
같이걸을 때분도
한걸음먼저
가

Sue

David

You+(Korea)
=Smile
name(KAZUO)

MIGR.
Journeys i

31 January –

시행착오

 낯선 사람에게 말을 거는 건 생각보다 많은 용기가 필요한 일이었다. 심호흡을 몇 번이나 하고도 심장이 쿵쾅거리면, 세 번째 여행 규칙을 떠올렸다.

 '하고 싶은 건 그냥 한다(창피한 건 한순간이다).'

 사실 그러고도 입이 떨어지지 않아 종이에 할 말을 적어놓고 달달 외웠다. "안녕, 나는 한국의 대학생인데, 프로젝트를 하고 있어. 도와줄 수 있니?" 보다 못한 친구가 "저기요" 부르고 뒤로 빠져 등 떠밀기를 몇 차례. 한두 번 입을 떼니 할 만한 것도 같았다.

 뻔뻔하게 말 걸기 다음 단계는 자연스럽게 대화하기다. 이것도 쉽지가 않다. 처음엔 무엇을 사랑하는지 물었다. 'I love ( )'라고 적어 놓으니 초콜릿, 친구, 엄마 같은 단답이 돌아와 더 말을 이어가기가 어려웠다. "아, 그래? 그럼 너는 사랑이 뭐라고 생각하는데?" 상상 속 나는 분명 유창하고 자연스럽게 다음 질문으로 넘어가 사랑에 관한 대화를 나누고 있었는데, 현실의 나는 겨우 "땡큐…" 하고 물러서기 바빴다. 아, 뭔가 잘못되었다.

고민 끝에 질문의 순서를 바꿔보기로 했다. 노트에 'I love ( )' 대신 'Love is'라고만 적고 비워 두었더니 답변의 길이부터 달라졌다. 머물며 대화하는 시간도 덩달아 늘었다. 사랑이 뭐라고 생각하는지 이야기하다가, 그래서 너는 뭘 사랑하는데? 묻는 게 오히려 자연스럽기도 했다.

노트를 바꾸고 처음 만난 사람은 파리 퐁피두 센터 앞 광장에 앉아 있던 패트릭. 사진작가이자 학교에서 학생들에게 사진을 가르치고 있다는 그는 러브 프로젝트를 아주 재미있어했다.

"이런 프로젝트 너무 좋다! 내 학생들에게도 추천하고 싶어."

"이제 시작이라 어떻게 마무리할지 모르겠지만, 프로젝트를 핑계로 사람들과 이야기할 수 있어서 좋아."

"그렇지, 프로젝트가 아니었다면 우리가 대화할 일도 없었을 거고."

"맞아. 처음 말 걸었을 때 어땠어? 당황스럽거나 이상하게 느껴지진 않아?"

"여긴 파리잖아. 예술의 도시. 하고 싶은 게 있으면 그냥 다 해봐. 여기에서는 모두가 열린 마음으로 너와 네 프로젝트를 응원할 거야. 내가 그랬던 것처럼."

"고마워. 정말로. 그래서, 사랑은 뭐라고 생각해?"

"사랑은 마음 전부를 주는 것."

Love is when you give all your heart. to all

Patrick. J.

멀고도 가까운

패트릭의 응원에 힘입어 퐁피두 센터 광장에서 몇 번 더 말을 걸어 보기로 했다. 지나와 페이도 그날 거기에서 만났다.

누구에게 말을 걸까 두리번거리던 나와 어색하게 눈이 마주친 지나는 영화를 공부하는 학생이라고 자기를 소개했다. 내 질문보다 노트에 그려진 하트에 더 관심을 보이며 천천히 페이지를 넘기던 그녀가 한참 만에 다시 노트를 건넸다.

"이 그림, 너무 예쁘다. 글자야?"

"한글이야. 사랑에 관한 노래 가사를 하트 모양으로 적었어."

"멋지다! 글자가 그림 같아. 이걸로 뭘 하려는 거야?"

"글쎄, 책을 만들 수도 있고. 아직 잘 모르겠어."

"사랑이 담긴 책이라니, 너무 멋진데? 꼭 만들면 좋겠다. 나도 언젠가 영화를 만들고 싶어. 사랑이 담긴 영화."

"사랑이 뭐라고 생각하는데?"

something we all look for, hoping to find it, scared that it might actually feel good, something undefined a dream, I guess.

Ioana

"우리가 모두 찾고 싶어 하는 무언가. 항상 찾아 헤매면서도 막상 행복하다고 느끼는 게 두렵기도 한 것. 정의할 수 없는 꿈 같아."

"그러게. 막상 사랑 때문에 행복하면 두려운 마음이 든다는 거 너무 공감돼. 네가 만든 영화 꼭 볼 수 있으면 좋겠다."

"나도, 네가 만든 책 기다리고 있을게. 스스로를 잘 키우자!"

다정한 인사를 건네고 헤어진 뒤, '스스로를 키운다'는 말이 맴돌았다. 지금쯤 지나는 뭘 하면서 살고 있을까. 만들고 싶다던 영화는 만들었을까.

큰 키에 다부진 어깨가 눈에 띄던 페이는 체육을 전공하는 학생이었다. 패트릭과 지나에게 말 거는 모습을 멀리서 지켜봤다고, 뭘 하는 걸까 궁금했는데 말 걸어줘서 고맙다고 하는 서글서글한 이 친구에게도 사랑이 뭐라고 생각하는지 물었다.

"사랑은 모든 사람과 좋은 관계를 맺고 부모님, 가족과 함께 행복한 거라고 생각해."

의외였다. 보통은 남녀 간의 사랑을 먼저 떠올리던데, 특히나 또래 친구들은 더더욱. 페이는 학교 때문에 2년째 집을 떠나 파리에 살고 있다고 했다. 처음엔 새로운 모든 것이 신기하고 즐거웠는데 요즘은 부모님과 친구들이 그립다는 말에 고개가 끄덕여졌다.

"그 마음 알아. 나도 학교 때문에 서울에 혼자 살거든."

"전에는 너무 당연해서 사랑이라고 생각하지 못했는데, 요즘은 가족과 오랜 친구들을 생각하는 마음이 사랑인 것 같아. 너도 친구들

잘 챙겨. 부모님께 전화도 자주 하고."

"그럴게. 숙소에 돌아가서 바로 전화해 봐야겠다."

종일 낯선 사람들 틈에서 시간을 보내고 나면 두고 온 사람들이 더 보고 싶어진다. 사랑 많은 아빠와 엄마, 잔소리 많은 동생, 사려 깊은 친구들, 미련 남은 전 남자 친구와 가물가물한 전 전 남자 친구까지, 심지어는 미래의 남편도 그립다. 다들 거기 잘 살고 있지요? 조만간 만납시다, 우리!

I think love
good relation
with every body
and so happiness
with your parents
and family.
Take care your
girls friends.

cheikh MBacke
Fay

행복을 살 수 있다면

상상 속 몽마르트르는 푸른 잔디와 낭만이 가득한 예술가들의 아지트였다. 비둘기 똥과 관광객과 장사꾼이 그렇게 많을 줄은 생각도 못 했다. 그림을 그려주겠다고 호객하는 사람들과 분주하게 사진 찍는 사람들을 피해 지나가는데 누군가 나를 붙잡았다.

"너를 그리고 싶어. 머리띠가 마음에 들거든. 원한다면 반값에 그릴게. 네가 내 그림을 원한다면 말이야. 네가 행복하지 않을 것 같다면 나도 괜찮아. 하지만 내 그림으로 네가 행복했으면 좋겠어."

뻔한 상술인 걸 알지만 걸음을 멈췄다. 아저씨 인상이 좋았고, 행복을 주겠다는 말에 기꺼이 속아볼까 싶었다. 그래, 몽마르트르까지 왔는데 초상화 한 점 정도의 사치는 부려도 괜찮지, 뭐. 다닥다닥 붙은 빨간 간이 의자에 앉아 옆 사람의 대화를 적나라하게 들으며 이젤 너머의 아저씨 미간을 바라보았다. 그러고 보니 카메라 앞에 앉은 적은 있어도, 이젤 앞은 처음이다.

그는 20년째 같은 자리에서 그림을 그리고 있다고 했다. 아주 많은 사람을 만나고 들여다보고 그렸다고, 그래서 이제 얼굴을 보면 많은 게 보인다고도 했다.

"내 얼굴에서는 뭐가 보여요?"

"컬러."

"컬러? 그게 뭐예요?"

"호기심 많고, 다양한 경험을 즐기고, 자기 색깔을 만드는 사람인 것 같아. 머리띠도 컬러풀하고 말이야."

너무 막 갖다 붙인다고 생각하며 피식 웃다가 비슷한 이야기가 떠올랐다. 재미로 별자리점이라는 걸 본 적이 있다. 다른 건 잘 기억이 안 나는데 한마디가 또렷이 생각난다.

"넌 목걸이를 꿰는 사람이야."

웬 목걸이? 눈썹이 매섭게 생긴 여자는 내가 어떤 일을 하든 엄청난 성과나 성공은 없을 거라고 태연히 말했다. 그렇지만 알알이 구슬을 모아 목걸이를 꿰듯 내가 하는 모든 경험이 구슬이 되어줄 거라고, 그 목걸이가 완성되면 그제야 '아 내가 이렇게 예쁜 목걸이를 만드는 중이었구나!' 깨닫게 될 거라고 했다. 그러니 하고 싶은 게 있으면 그냥 다 하라고, 네가 꿰는 목걸이는 구슬이 알록달록할수록 예쁠 거라고 덧붙였다.

믿거나 말거나 그 말은 나의 20대에 비빌 언덕이 되어주었다. 이러다 아무것도 이루지 못하는 건 아닌가 고민이 될 때마다 그 말을

떠올렸다. 내 목표는 알록달록이야, 성공이 아니라.

 20분 남짓 싱거운 수다를 떠는 동안 그림이 완성되었다. 솔직히 소름 끼치게 훌륭한 작품은 아닌데, 어쩐지 그림 속 여자애는 어떻게든 색색의 구슬을 모아 목걸이를 꿸 것만 같다. 기분 탓인가. 그의 말대로 그림 덕분에 조금은 더 행복해진 것도 같다. 행복을 살 수 있다면, 무조건이지.

 "고마워요, 아저씨. 그런데 사랑이 뭐라고 생각하세요?"

 "사랑은 빠지는 것!"

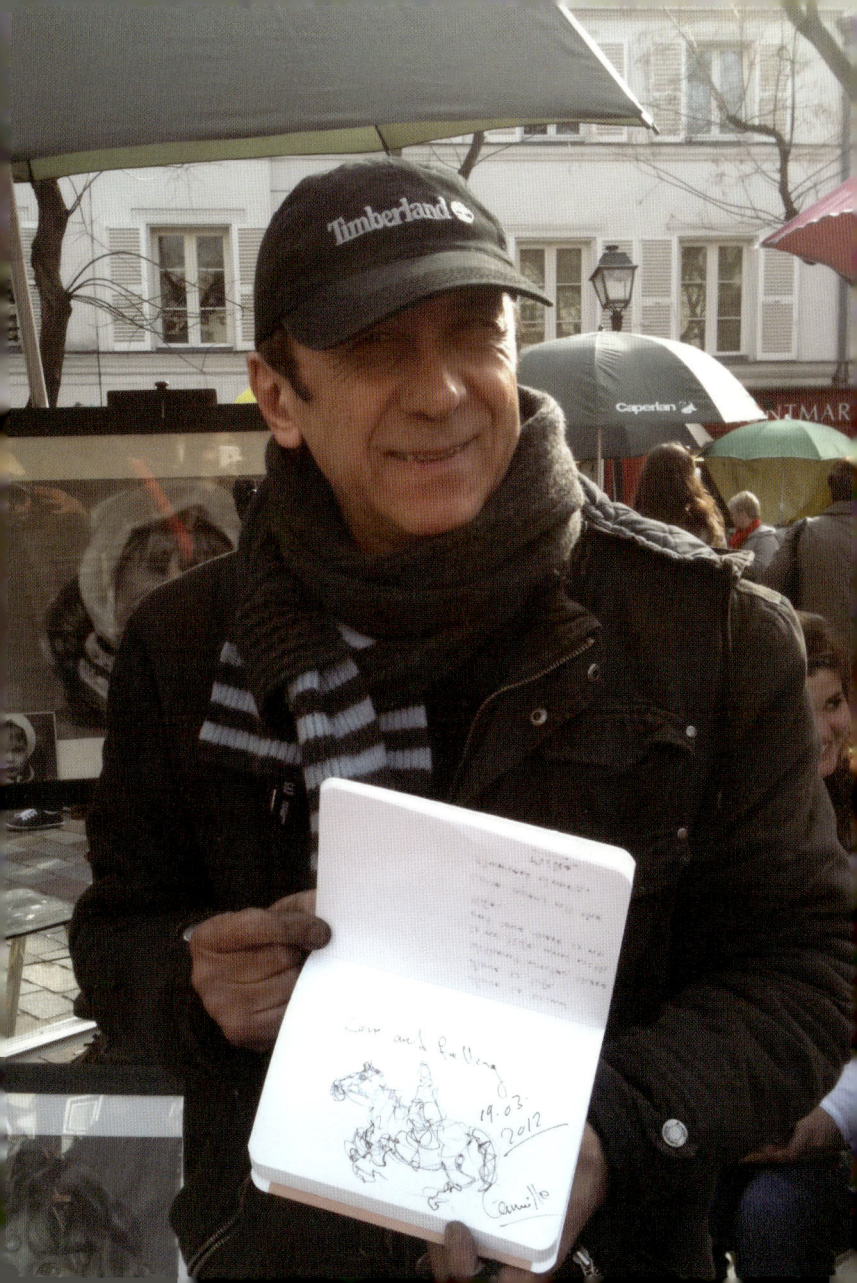

사랑 후에 오는 것들

곳곳에서 거리의 예술가들을 만났다. 공연하는 음악가, 그림 그리는 화가, 분장을 한 행위예술가… 크렙스도 그중 한 명이었다. 광장에서 중세 귀족 분장을 하고 서 있는 그는 혼자 다른 세상에 사는 사람 같았다. 타고 있던 자전거를 세우고 응원의 마음을 담아 동전을 넣으려고 하는데 바구니가 보이지 않는다. 그냥 서 있는 건가? 동네 한 바퀴를 돌고 왔는데도 그 자리에 있길래 말을 걸었다.

"왜 그런 차림으로 여기 서 있는 거야?"

"그냥, 재밌잖아. 매주 여기에 나와. 매번 다른 차림으로."

런던에서 예술을 공부하러 파리에 왔다는 크렙스는 시종일관 아주 진지했다.

"나도 프로젝트를 하고 있는데, 도와줄래?"

"당연하지. 뭔데?"

"사랑이 뭐라고 생각해?"

"Paradise Lost."

"잃어버린 낙원? 존 밀턴의 《실낙원》 말하는 거야?"

"그렇기도 하고, 단어 그대로 내 천국을 망치는 게 사랑인 것 같아."

"어떤 점에서?"

"사랑을 하기 전에 나는 나 자체로 완전하거든. 하고 싶은 건 뭐든 할 수 있어, 오늘처럼. 사랑에 빠지면 나는 아주 불완전한 사람이 돼. 내가 틀린 것 같은 기분이 들기도 하고, 상대방과 맞춰가면서 내 세상을 잃어버리기도 하지."

"그럼 사랑을 하고 싶지 않겠네?"

"그렇지는 않아. 사랑이 끝나고 나면 사랑을 시작할 때의 나와는 다른 사람이 되어 있잖아. 그래서 괴롭지만 가치 있다고 생각해."

나는 사실 사랑을 맹신한다. 사람은 안 변한다고, 고쳐 쓰는 게 아니라고 하지만, 조금이라도 사람을 바꿀 수 있는 유일한 것은 사랑뿐이라고, 그러니까 조금이라도 세상을 바꿀 수 있는 것 역시 사랑뿐이라고 생각한다. 사랑이 끝날 때마다 나는 조금씩 다른 사람이 되었다. 크렙스의 말처럼 서로의 세계를 파괴하고 흡수하면서 우리는 자란다. 아주 괴롭고 가치 있게.

사랑을 묻는 이 여행도 내 세상을 조금씩 바꾸는 중이다. 무엇을 어떻게 바꾸고 있냐고 물으면 또렷하게 답하기 어렵지만, 분명 이 여행이 끝나고 나면 여행을 시작할 때의 나와는 다른 사람이 되어 있을 것이다. 아주 아주 괴롭지만 가치 있게.

Paradise Lost
Krebs

사랑의 다른 이름

모두가 <모나리자> 앞에서 플래시를 터트리는 가운데, 루브르 한 구석에서 조용히 그림을 그리는 남자. 존은 파리에서 미술을 공부하고 있다고 했다. 방해하기 싫어서 물끄러미 지켜보다가 잠깐 쉬는 틈을 타 말을 걸었다.

"너무 멋지다!"

"고마워."

"학생이야?"

"응. 너도?"

"한국에서 대학을 다니고 있어. 프로젝트를 하고 있는데 도와줄 수 있어?"

"물론이지, 뭔데?"

"사랑이 뭐라고 생각해?"

"티치아노Titien."

Titien

Will St. John

"응?"

"(자기가 그리고 있던 그림을 가리키며) 이 그림, 이게 사랑이라고 생각해."

그가 그리고 있던 작품은 티치아노의 <그리스도의 매장>이었다. 예수의 시신이 십자가에서 내려지는 장면을 묘사한 그림.

"사람들 얼굴을 봐봐. 저 슬픔이 사랑 아닐까?"

사랑이 슬픔이라고 생각한 적이 있다. 만나면 반드시 헤어지기 마련이라, 누군가를 사랑하는 일은 슬픔 하나를 추가하는 일이라고 적어둔 기억이 난다. 그러니까 나는 되도록 최소한의 사람만을 사랑해야겠다고 다짐했던 기억도.

"근데 왜 작품명이 아니라 티치아노라고 적었어?"

"티치아노 그림을 보면 사랑이 보여. 종교를 떠나서 말이야."

전시실 벤치에 앉아 티치아노의 그림을 찾아보았다. 종교화를 자세히 본 적은 없는데, 존의 말을 듣고 보니 그림 속 사람들의 얼굴에서 기쁨과 슬픔, 사랑의 다른 이름들이 보였다.

여행 중에 미술관만큼이나 성당에 자주 갔다. 시작은 런던에서 비를 피해 들어간 웨스트민스터 대성당이었다. 마침 미사가 있는 날이라 북적북적 사람들이 모이고, 웅장하고 아름다운 공간에 오르간 소리가 울려 퍼졌다. 다양한 사람들이 다양한 방식으로 자리에 앉아 있었다. 맨 앞자리에 한쪽 무릎을 꿇고 앉아 열심히 기도하는 할머니도 있고, 신이 있긴 하냐고 따지는 듯한 아저씨도 있고, 나처럼 그저 여행객인 사람도 있었다. 무엇이 나라도 인종도 언어도 생김도 마음도 다른 이 많은 사람들을 한날한시에 이곳에서 모이게 했을까. 종교는 없지만 많은 사람이 이토록 오랜 시간 지켜낸 마음은 믿을 수 있겠다고 생각하며, 1파운드짜리 초를 켰다.

"여기, 모두에게 사랑을 주세요. 저에게도 좀 주시고요."

그 뒤로도 지도를 펼쳐 근처에 성당이 있으면 꼭 들렀다. 사그라다 파밀리아, 노트르담 대성당, 성 베드로 대성당처럼 유명한 성당은 물론이고, 작은 동네의 이름 없는 성당도 들어가 보았다. 살면서 이렇게 화려하고 아름다운 건축물을 본 적이 있었나, 처음인 것 같다. 하긴 성당 자체를 처음 가 봤다. 누가, 어떤 마음으로 돌을 옮기고 천장을 만들고 유리 조각을 붙였을까. 믿음은 사랑과 비슷한 마음일까.

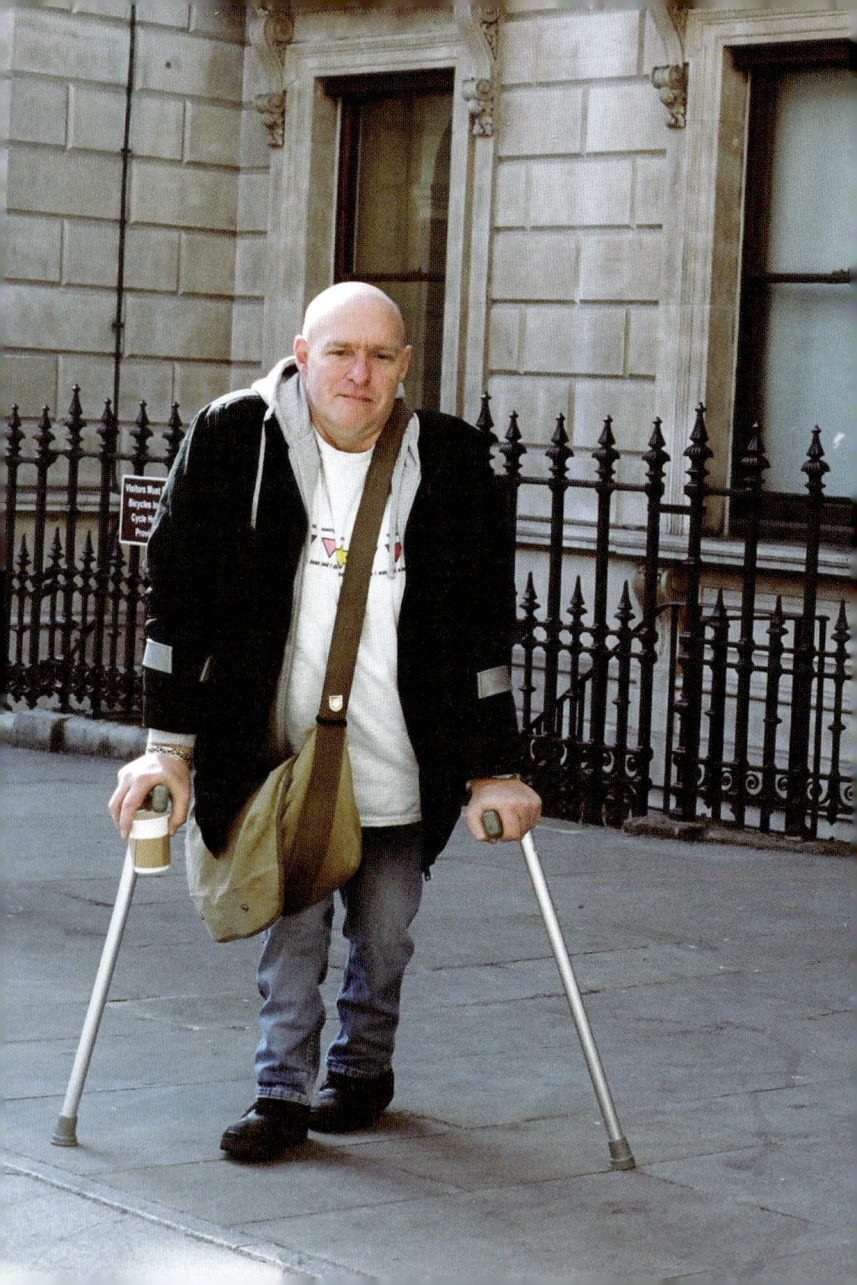

미놀타와 포트라 400

"살려주세요!"

 오스트리아 빈의 작은 사진관. 아침 일찍 잠옷 바람, 산발한 머리에 둘둘 만 옷 뭉치를 들고 서 있는 미친 여자가 다름 아닌 나였다. 슬리퍼는 제대로 신었던가, 잘 기억이 나지 않는다.

 오래된 필름 카메라에 필름 네 롤이 전부였던 여행. 저렴한 필름을 여러 개 사서 펑펑 찍을까, 쓰고 싶은(비싼) 필름을 몇 개만 사서 아껴 찍을까 고민하다가 후자를 택했다. 두 달 동안 필름 네 롤로 연명하려니, 한 장 한 장 얼마나 아껴서 찍었는지 모른다.

 모처럼 일찍 눈이 떠졌고, 오늘은 어디를 갈까 찾아보다가 필름부터 갈겠다고 안 어울리게 부지런을 떤 것이 화근이었다. 실수로 필름을 다 감지 않은 채로 뚜껑을 여는 대참사가 벌어진 것. 지금 생각해 보면 그게 울 일인가 싶지만, 필름이 날아가면 여행이 날아가기라도 하는 것처럼 눈물이 났다.

이내 정신을 차리고 근처 사진관을 찾았다. 마침 숙소에서 멀지 않은 곳에 사진관이 있었다. 사진만 찍는 곳인지, 필름을 파는 곳인지, 현상도 가능한지, 아무것도 모르는 채로 빛 들어간 필름을 옷으로 둘둘 말아 껴안고 무작정 사진관으로 향했다. 여행 중에 길을 헤매지 않고, 그렇게 또박또박 의사 표현을 한 건 그때가 처음이자 마지막이었다.

사진관은 다행히 현상을 하는 곳이었고, 100퍼센트 장담은 할 수

없지만 최선을 다해 살려낼 테니 걱정 말고 저녁에 다시 오라고 말해주는 사장님 덕분에 한시름 놓고 숙소로 돌아왔다. 문 앞에서 마주한 거울 속 내 모습이 하도 참담하여 헛웃음이 났다. 유난이다, 정말.

 언제, 왜 필름 카메라를 쓰게 되었는지 정확히는 모르겠다. DSLR로 우르르 넘어가던 시기에 어쩌다 오래된 카메라(무려 1979년에 출시된 미놀타 XG-1. 나보다 열 살이나 많다)를 물려받았고, 마침

대학 교양 과목에 <사진의 이해>라는 수업이 개설되었다. 혼자 필름 카메라를 쓰고 있어 교수님이 무척 반가워하셨던 기억이 난다. 매주 과제가 있었는데, 내 과제에는 매번 다른 필름으로 찍어보라는 미션이 추가되었다. 덕분에 다양한 필름을 써 보았다. 인물 사진 과제에 추천받은 포트라 시리즈는 신세계였다. 실력이 허접하면 장비가 좋아야 한다는 걸 그때 온몸으로 깨달았다. 필름 값이 비싸서 사진을 신중하게 찍는 연습도 덩달아 했다. 그게 다. 한 학기짜리 교양 수업을 듣고 여태 마음대로 찍는 거다. 그래서 아직도 잘은 못 찍는다. 하지만 여전히 천천히 찍기 때문에 모든 사진이 내게는 영상처럼 생생하다.

  그날 저녁, 떨리는 마음으로 다시 사진관을 찾았다. 아침과는 다른 차림으로 머쓱하게 문을 여는 나를 보더니 환하게 웃는 사장님. 그의 뿌듯한 얼굴을 보자마자 '아, 살았구나!' 싶었다. 빛이 들어간 부분에 파란색 줄이 남긴 했지만, 다행히 사진은 건졌다. 이렇게 또 비싸게 교훈 하나를 얻는다. 뚜껑 열기 전에 필름 다 감았는지 확인, 또 확인할 것!

여행과 일상의 경계에서

크지도 않은 빈 시내에서 길을 잃고 헤매다가 북적이는 광장에 자리를 잡고 앉았다. 사람 많은 곳에 있으면 그냥 묻어갈 수 있어서 좋다. 할 일 없이 떠도는 중이라는 티도 안 나고. 그곳에서 만난 나니는 광장 계단에 거의 눕듯이 기대앉아 책을 읽고 있었다. 불량한 자세 하며, 빨간 니트에 빨간 손톱을 맞춘 게 귀엽다고 생각하며 말을 걸었다.

한국? 대학생? 프로젝트? 무슨 일인가 경계하던 눈이 내 손에 들린 오래된 미놀타를 보고 금세 풀어진다. 자기도 필름 카메라를 쓴다고 가방에서 캐논 AE-1을 꺼내 보이며 필름은 뭘 쓰냐, 인화는 어디서 하냐, 얼마냐… 시시콜콜한 이야기를 나눴다. 광장 바로 앞에 있는 대학에서 도시계획을 전공하고 있다고, 휴일인데 학교에 나와서 너무 짜증 난다고 투덜거리는 그 애와 대화하면서 자꾸 웃음이 났다. 한국에 있었으면 나도 이러고 있었겠지, 다들 똑같구나.

Love is ot.

nani

여행지에서 일상을 살아가는 사람들을 만나면 묘한 기분이 든다. 일상을 벗어나고 싶어서 떠나왔는데 여기도 누군가에겐 벗어나고 싶은 일상의 공간이라는 게 새삼, 새삼스럽다. 유명한 관광지보다 동네 산책이 좋았던 건 아마 그래서일 것이다.

트럭 사이드미러 너머 택배 아저씨의 피곤한 얼굴이나 카페 문 앞에 기대서서 핸드폰을 만지작거리는 알바생의 지루한 옆모습을 볼 때, 뭘 해야겠다는 조급함을 내려놓을 수 있었다(안 그래도 뭘 너무 안 해서 문제지만 말이다). 여기까지 왔으니까 저건 봐야지, 여기까지 왔으니까 이건 해야지 하는 생각은 접어 두고 일상을 비켜선 배부른 순간들을 그냥 즐기자.

"왜 사랑이 예술이라고 생각해?"

"누군가를 사랑하는 순간에는 평범한 모든 것들이 특별하게 느껴지잖아. 매일이 영화 같고, 노래 가사도 내 얘기 같고. 예술도 그런 것 같아. 평소에 그냥 지나치던 것들도 예술이 되면 특별해지니까. 아, 여행도 그런가? 너도 지금 특별한 시간을 보내고 있는 거지?"

"아마도? 여행 때문만은 아닌 것 같지만 말이야."

사랑에 관해, 여행과 일상의 경계에 대해 한참 얘기하다 말고 이 프로젝트도 학교 과제냐고 묻는 나니에게 그냥 고개를 끄덕여 주었다. 그러면 좀 위로가 되려나 싶어서. 그래, 나도 여기까지 와서 과제 중이야. 특별할 것 없어. 그러니까 기분 풀어. 그리고, 잘 지내!

좋은 놈, 나쁜 놈, 이상한 놈

로마 스페인 광장에 앉아 사람들을 구경하고 있는데 인상 좋은 할아버지가 말을 걸었다. 매일 이곳에서 그림을 팔고 있다는 그는 그저 '사람이 많아서' 로마가 좋다고 했다.

"영어 할 줄 알아요?"
"그럼, 그럼!"
"프로젝트를 하고 있는데, 도와줄 수 있어요?"
"그럼, 그럼!"
"사랑이 뭐라고 생각해요?"
"너를 사랑하냐고? 그럼, 그럼!"
"아니, 사랑이, 뭐라고, 생각하냐고요!"
"나는 모든 사람을 사랑하지."
"당신이 생각하기에, 사랑은, 뭐예요?"
"나는 모두를 사랑하는데?"

I Love everyone

Billy the Kid

"오케이. 한번 적어줄래요?"

"그럼, 그럼!"

사실 그는 영어를 할 줄 몰랐다. 자기 이름이라고 적어놓은 '빌리 더 키드'는 19세기 후반 미국 서부에서 악명을 떨친 총잡이이자, 살인과 강도 등을 저지른 범죄자의 이름이었다. 맙소사.

당연한 얘기지만, 여행을 하면서 좋은 사람만 만난 건 아니다. 성희롱과 인종 차별을 당한 적도 있고, 소매치기 미수범, 불친절한 사람, 바가지 씌우는 사람… 다양한 사람들을 만났다. 특히 한번 소매치기를 당할 뻔한 후에는 너무 놀라서 어딜 가나 경계를 풀지 못하고 잔뜩 긴장한 채로 다니기도 했다.

에펠탑이 반짝거리는 밤 9시 정각의 파리 지하철 안. 빈자리도 많은데 굳이 내 앞에 앉아 수상하게 말을 걸던 니코스는 파리에서 제약 회사를 다니는 1년 차 회사원이라고 자기를 소개했다. 예, 그러시겠지요. 여행 중이냐, 파리는 어떤 것 같냐, 나는 그리스에서 왔다, 그리스 가봤냐, 꼭 가봐라, 넉살 좋게 이런저런 이야기를 하던 그가 진지한 얼굴로 말했다.

"조심해. 술 많이 마시지 말고, 담배도 피우지 말고, 특히 낯선 사람과는 절대 말 섞지 마."

"너도 낯선 사람이잖아."

"당연히 나는 빼고!"

'나는 다르다'는 말은 전 세계 공통어라도 되나 보지? 꿍얼대는 나를 앞에 두고 한참 더 훈계를 늘어놓던 니코스는 가방에 있던 병맥주를 선물로 주고 먼저 내렸다.

"여행을 즐겨, 친구. 좋은 추억 많이 만들기를 바랄게. 진심이야."

얼떨결에 받은 맥주를 쥐고 반사적으로 가방을 확인했다. 뭐야, 소매치기 아니잖아? 긴장이 맥없이 풀렸다. 그날 숙소로 돌아가는 길에 생각했다. 그래, 세상에는 좋은 놈, 나쁜 놈, 이상한 놈이 골고루 있지. 나쁘거나 이상한 사람을 다 합쳐도 좋은 사람이 훨씬 더 많으니까 쫄지 말자. 의심과 조심을 살짝 내려놓자 여행이 한결 가벼워졌다. 그 후로 누구를 만나든 경계하는 대신 먼저 웃어줄 수 있게 됐다. 빌리 더 키드쯤이야, 귀엽게 이상한 놈이지 뭐.

웃을 준비

 목적지도 없이 길을 걷다가 다리가 아파서 어느 레스토랑 앞마당에 아무렇게나 주저앉았다. 재즈 밴드가 연주를 하고, 그 앞엔 나름 빨강과 초록으로 드레스코드를 맞춘 할머니들이 집에서 직접 짠 코바늘 스웨터에 부활절 달걀을 넣어 판다.
 바깥에 앉아 공연을 보기엔 아직 쌀쌀하다고 생각하며 일어서는데 거짓말처럼 바람이 잠깐 멈추고, 타이밍 좋게 색소폰이 울리고, 까만 앞치마를 맨 식당 직원이 빵에 소시지를 끼워 할머니에게 갖다준다. 큼직한 빵을 왕 베어 무는 할머니의 옆얼굴이 너무 예뻐서 나도 모르게 카메라를 들었다. 렌즈로 할머니를 들여다보며 생각한다. '한 입만 더 드셔요. 딱 한 입만.'
 무례하게 카메라를 들이댄 나와 신나게 빵을 드시던 할머니의 눈이 렌즈 안에서 딱 마주치고, 멈칫한 내가 머쓱하게 카메라를 내리려는 순간 할머니가 찡끗, 재미있는 표정을 지어준다. 찰칵 소리를

내며 필름이 하나 넘어갔다. 제대로 찍혔으려나.

카메라를 내려놓고 할머니를 향해 살짝 눈인사하고 나니 그제야 주변이 보인다. 아까부터 옆에 앉아 담배를 피던 무표정한 여자와 눈이 마주치자, 서로의 얼굴에 조용한 웃음이 번진다. 연주가 끝나고 두어 명의 박수 소리와 함께 다음 곡이 이어지는, 따뜻하고 평화로운 봄날이다.

꼭 웃을 준비를 하고 있는 것처럼, 눈만 마주쳐도 싱긋 웃어주는 사람들 덕분에 여행이 행복하게 느껴지는 순간이 있었다. 길에서 카페에서 공원에서 사람들과 웃음을 주고받으며 행복이 별거 아니구나, 생각했다. 나도 '웃을 준비 버튼'을 챙겨 다녀야겠다. 돈 드는 것도 아닌데 자주 웃음을 날려 줘야지.

다정하고 사랑스러운 할머니가 되고 싶어

카메라에는 유독 할머니 사진이 많다. 할머니들만 보면 왜 그렇게 좋은지! 나도 모르게 카메라를 들이대고 있다. 삶이 드러나는 뒷모습도, 손과 얼굴의 주름도, 하나같은 꽃무늬 상의도 좋다. 멋쟁이 할머니는 멋쟁이라서, 소박한 할머니는 소박해서, 우리 할머니 같기도 하고 미래의 나 같기도 해서 눈길이 간다.

 내게는 할머니가 둘 있다. 할머니의 삶과 내 삶 사이에는 그 어떤 공통점도 없다. 할머니는 나를 손녀로, 나는 할머니를 할머니로 만났으니 서로를 알고 지낸 20여 년 역시 전혀 다른 기억일 것이다. 그런데도 우리는 이유 없이 사랑을 한다. 완벽한 타인인 채로, 서로 다른 생각을 굳이 이해하지 않으면서도 웃고 사랑하며 산다. 여행하는 내내 나의 늙은 친구들이 몹시 보고 싶었다.

 아빠를 낳은 제천 할머니는 송학에서 태어났다. 충청도와 강원도와 북한 사투리가 섞인 오묘한 말투가 할머니의 말 곳곳에 묻어 있

다. 할머니는 종종 아주 장난스럽고 사랑스러운 표정으로 나를 내려다보며 "요년!"이라고 했다.

할머니에게는 아직도 엄마가 있다. 할머니의 엄마인 내 증조할머니는 동막 할머니라고 불렀다. 동막 할머니는 우리 할머니의 새엄마다. 곰보에 인물이 못났던 동막 할머니는 어린 나이에 애가 셋이나 있는 집에 두 번째 부인으로 시집을 왔다. 그게 싫어 그랬는지 다섯 살이었던 우리 할머니가 자라 열일곱에 시집을 갈 때까지 지독하게 괴롭혔다. 아마 할머니는 "요년!"을 그때 배웠을 것이다.

지긋지긋한 계모살이를 피해 시집을 갔더니 남편이 양자라 시부모가 둘이었다. 운도 없지. 할아버지가 잘생겨서 그나마 다행이다. 어찌저찌 자식 셋을 낳았는데 막내가 두 살 때 남편이 죽었다. 그때 할머니 나이 스물여섯이었다. 할머니는 환갑까지 일하며 자식 셋을 죽어라 키웠다. 내 주변의 가장 오래된 워킹맘이다.

할머니는 아빠 어릴 적 이야기를 하면 어김없이 눈물을 찍어낸다. 할머니의 눈물은 꼭 같은 부분에서 터지고 만다. 몇 번을 들어도 서글픈 이야기 끝에 "내가 사랑을 할 줄 몰라서" 하고 고백하는 할머니의 말이 "내가 사랑을 받지 못해서"라고 들린다. 그때의 할머니를 만나면 내가 꼭 안아줄 텐데.

그래도 요즘은 전화 끊기 전에 아주 어색한 말투로 "사랑한다"고 덧붙이는 귀여운 우리 할머니. 아마 아빠가 잔소리했을 것이다. "애들한테 사랑한다고도 좀 하고! 그래야 전화하고 싶지!" 안 봐도 비

디오다. 나는 용기 낸 할머니의 고백이 묻히지 않게 부러 크게 답한다. "응 할머니! 사랑해! 나도! 많이 많이!"

엄마를 낳은 대구 할머니는 일본에서 태어났다. 부모는 없고 동생만 많은 훤칠한 남자와 결혼한 덕에, 그 남자가 군인인 덕에 방방곡곡 군부대 사택에 살며 시동생들을 챙기고 자식 다섯을 길렀다. 딸 셋에 아들 둘. 넉넉하지는 않아도 남부러울 것 없는 삶이었는데, 아들 하나가 미용실 의자에서 떨어진 뒤 시름시름 앓다 죽었다. 그 아이가 겨우 다섯 살이었다. 아이를, 그것도 그 시절에 첫아들을 잃고 망연했을 할머니의 마음이 잘 상상이 가지 않는다.

그나마 위안이 되었던 것은, 할아버지가 다정한 남편이자 못 말리는 딸바보였고 딸들은 하나같이 예쁘고 공부를 잘했다. 할아버지가 여든넷에 돌아가실 때까지 할머니는 할아버지의 여자로 곱게 나이 들었다. 평생 손을 잡고 여행을 다녔고, 함께 컴퓨터도 배웠다.

할아버지가 돌아가시던 날, 나는 여행 중이었다. 한국에 돌아와 소식을 듣자마자 채 풀지 못한 짐을 다시 쌌다. 슬픔만큼 죄책감이 컸다. 할아버지 곁을 지키지 못한 대신 혼자 남은 할머니 곁에라도 있어야 할 것 같았다.

처음으로 둘이서 긴 시간을 보내게 된 우리는 말없이 삐그덕거렸다. 할머니는 슬픔에 잠길 겨를 없이 내 밥을 챙기는 게 귀찮았고, 누구보다 자유롭게 지내던 나는 할머니의 조용한 삶이 지겹고 갑갑했다. 그래도 할 수 없었다. 마트와 병원을 함께 다니고 목욕탕에서

등을 밀고 콩국수 맛집을 찾아다니며 서로의 일상에 스몄다. 그러는 동안 우리 사이에 전에 없던 우정이 생겨났다.

이제 우리는 친구다. 딸에게도 못 하는 말을 손녀에게 하며 "이건 비밀이데이, 우리 친구 아이가" 한다. 아직도 웃을 땐 두 손으로 수줍게 입을 가리고, 해마다 예쁜 내의를 사서 챙겨 입고, 화장품은 꼭 랑콤을 쓰는 우리 할머니. 유튜브로 요리 채널을 구독하고, 보고 싶을 땐 먼저 영상 통화를 거는 멋진 친구가 있어 좋다.

 내 할머니들을 떠올리며 나는 어떤 할머니가 될 것인가에 대해 생각한다. 이 여행처럼, 미처 몰랐던 즐거움을 자꾸 발견하면서 살고 싶다. 그래서 '아무래도 사는 건 너무 즐겁다'고 말할 수 있으면 좋겠다. 서핑하고 드럼 치는 할머니, 맛있는 빵을 구워서 동네 어린이들과 나눠 먹는 할머니, 할아버지가 된 남편과 예쁜 카페에 가고, 여전히 그림일기를 쓰는 할머니. 그 나이 먹고도 뭐든 잘하고 싶어서 발을 동동 구르는 사랑스러운 할머니가 되면 바랄 게 없겠다.

세상에서 제일 싫은 사람

여행Travel이라는 단어는 고대 로마에서 죄인을 묶어두고 햇빛에 말려 죽이는 고문 기구의 이름에서 유래되었다고 한다. 그 시절 여행이 지금과 같을 리는 없지만, 아무리 그래도 너무 무시무시한 어원이라고 생각했다. 혼자만의 여행이 시작되기 전까지는 말이다.

친구와 눈물의 이별을 하고 혼자 여행한 지 며칠이나 지났을까. 마주하고 싶지 않았던 온갖 나의 모습들이 옆구리에서, 겨드랑이에서, 손가락 사이에서 빠져나와 자꾸 얼쩡거린다. 이제는 함께 웃어 넘길 친구도 없고, 해결할 사람도 나뿐이다. 그럴 때마다 여행이 정말 고문처럼 느껴지기도 했다.

그날도 그랬다. 모처럼 프라하 시내를 벗어나 마을 전체가 유네스코 세계문화유산으로 지정되었다는 체스키크룸로프에 갈 생각이었다. 숙소에서 조식을 먹다가 '체스키'가 너무 아름답다고, 꼭 가보라고 강력 추천을 받았기 때문이다. 아니 진짜 갈 생각이었으면 가

는 길 정도는 알아봤어야 하는 거 아닌가? 상식적으로 체스키크룸로프 사진이라도 찾아봤어야 하는 거 아니냐고?

프라하에서 체스키크룸로프에 가려면 체스케부데요비체에서 열차를 갈아타야 한다. 환승을 해야 한다는 말이다. 아무 계획도 생각도 없이 그 '체스키'에 가야겠다고 마음먹은 나는 무작정 '체스키'라고 쓰여 있는 열차에 올랐다. 검색 한번이면 바로 알 수 있었을 텐데 도시가 어떻게 생겼는지, 이름이 뭔지도 정확히 모르는 채로 체스케부데요비체에 내려, '아 여기가 체스키구나. 생각보다 사람이 별로 없네' 하고 돌아다녔다.

한참을 혼자 돌아다니다가 점심을 먹으러 들어간 식당에서 와이파이를 켜고 알았다. 여기가 그 '체스키'가 아니라는 사실을. 알고 보니 체스키는 '체코의'라는 뜻의 수식어이며, 체스키로 시작하는 지명이 수십 개는 된다. 어이도 없고 스스로에게 너무 짜증이 났다. 당장 집으로 돌아가고 싶은 내 마음과 달리 프라하행 기차가 오려면 두 시간은 더 있어야 한다. 되는 일이 없네.

여기서 뭐라도 해야 덜 억울할 것 같아서 씩씩거리며 광장 중앙에 있는 시계탑에 올랐다. 꼭대기에 도착하자 직원이 서툰 영어로 도시에 대해 설명하고 천천히 둘러보라며 자리를 비켜주었다. 오가는 사람도 없고, 남는 게 시간이라 한참을 그 자리에서 광장을 내려다 보았다. 보다 보니 이 동네도 나름 예쁘다. 아예 자리를 잡고 앉아 노트에 그림을 끄적였다. 혼자 있던 직원이 심심했는지 가까이 와

서 구경을 한다. 손짓발짓 눈짓으로 그림 봐도 되냐, 그림 예쁘다, 이 도시도 예쁘다 하다가 이름이 에바라는 것까지는 알았는데 더 이상 대화가 이어지지 않았다. 어색하게 웃다가 노트를 내밀었다.

"에바, 너는 사랑이 뭐라고 생각해?"

"사랑? 어렵다…."

"네가 생각하는 걸 그냥 적으면 돼."

"그럼 내려가서 나중에 봐."

Krásný pozdrav z Černé Věže přeje slečně posouvat.

흑탑에서 아가씨에게 아름다운 인사를 보냅니다.

– 에바

내려와서 보니 전부 체코어로 적혀 있어 어차피 알아볼 수가 없었다. 피곤한 하루였는데, 기차를 타고 돌아가는 내내 뭐라고 썼을까 궁금해서 잠도 안 왔다. 숙소에 도착하자마자 와이파이를 연결해 번역기를 돌렸다. 응? 웬 아름다운 인사? 사랑을 한마디로 정의하는 게 어렵다는 말인 줄 알았더니, 그냥 질문이 어렵다는 말이었나 보다. 그래도 에바 덕분에 짜증 대신 설레는 마음으로 프라하로 돌아올 수 있었다. 오늘 하루 세상에서 제일 싫은 사람이 나라고 답할 뻔했는데, 그것도 일단은 보류.

바람이 분다

하루짜리 이탈리아 남부 투어를 신청했다. 지중해를 가르는 배 위에서 가이드 아저씨가 조악한 스피커로 <바람이 분다>를 들려주며 말한다. 카메라에 많은 걸 담으려고 애쓰는 대신 그냥 느껴보라고, 머리 위로 부는 바람에 집에서 여기까지 이고 지고 온 것들을 꼭 비워내고 가라고, 그러면 돌아가서 새로운 걸 담을 수 있을 거라고.

 평소 같으면 뻔한 말이라고 생각했을 텐데 지중해라 그런가, 노래가 좋아서 그런가, 홀린 듯이 고개를 끄덕이며 카메라를 내려놓았다. 죽기 전에 꼭 봐야 한다는 아말피 해안에서 카메라 셔터 대신 무거운 눈꺼풀만 껌뻑거렸다. 그래서인가 아말피 해안이 어떻게 생겼는지 전혀 기억나지 않는다. 하지만 그날 배 위에서 들었던 노래와 바람과 볕의 온도 같은 건 또렷하다. 아, 그날 먹은 레모네이드와 화덕 피자 맛도. 그럼 된 거 아닌가. 화장마저 옅어진 여행 한 달째, 카메라 대신 눈에 담아가는 법을 배우는 중이다.

낯선 사람에게 빚지기

엉성한 여행을 하다 보면 낯선 사람에게 빚질 일이 많다. 반쪽짜리 숙소 주소만 덜렁 들고 도착해서 길을 헤매다가 '에라 모르겠다' 하고 트렁크를 깔고 앉아 있는데 어떻게든 집 찾아 주겠다고 이리저리 뛰어다니던 할아버지. 독일어를 쓰고 있어 말이 안 통했지만, 귀에 한국어가 들리는 듯했다.

"아이고 큰일 났네, 애야 잠깐만 기다려봐."

괜찮다고, 밤새 기차를 타고 와 피곤해서 앉아 있는 거라고, 잠깐만 쉬었다가 찾아가겠다고, 이제 집에 가셔도 된다고 아무리 얘기해도 기어코 근처 사무실에 들어가 대신 도움을 청한 후에야 발길을 돌리셨다. 심지어 제대로 도와주는지 몇 번이나 확인하러 온 할아버지 성화에 이름 모를 사무실 직원이 숙소 사장님과 통화하고 직접 데려다주기까지 했다. 내가 많이 불쌍해 보였던 걸까. 다정하시기도 해라. 덕분에 해가 지기 전에 침대에 몸을 누일 수 있었다.

라우터브루넨이라는 스위스의 작은 마을에서 치즈를 사려고 슈퍼를 찾다가 혼자 산책하는 사람에게 길을 물었다. 말을 걸고 보니 한국 사람이었다. 여기서 한국 사람 처음 본다며 반가워하고 헤어졌는데, 며칠 뒤 피렌체역에서 그를 다시 만났다. 숙소를 구하지 못한 채로 무작정 피렌체에 도착해, 공용 와이파이를 잡으려 애쓰다가 눈에 익은 사람을 발견한 것이다. 잠깐 고민하다 용기 내 말을 걸었다.

"안녕하세요. 라우터브루넨에서 길 물어보면서 잠깐 뵀었는데, 혹시 기억하세요?"

"그럼요, 안녕하세요. 피렌체로 오셨네요! 같은 기차였나 봐요."

"그런 것 같아요. 혹시, 어떤 숙소에 묵으세요?"

"숙소 안 잡으셨어요?"

"네, 괜찮으시면 따라가도 될까요?"

"…되긴 하는데, 방이 있을지 모르겠네요. 일단 같이 한번 가봐요."

다행히 숙소에는 자리가 있었고, 심지어 위치도 시설도 조식도 아주 훌륭했다. 남은 방이 있는지, 가격은 동일한지 프런트에 이것저것 확인해 주고 자기 방으로 올라가려던 그가 돌아서서 말했다.

"여행 재미있게 하세요. 근데, 다시는 모르는 사람 막 따라가고 그러면 안 돼요. 알죠?"

한번은 카드도 없이 미술관에 가겠다고 집을 나섰다. 교통 카드

있겠다, 밥 먹었겠다, 종일 미술관에서 놀 건데 카드가 필요하겠어? …필요하네? 가이드북에는 분명 입장료가 5.5유로라고 적혀 있었는데, 막상 도착해서 보니 8유로다. 주머니를 탈탈 털어보니 7.5유로가 있었다. 지나가는 사람에게 50센트를 빌려야 하나, 매표소에 여권 맡기고 50센트는 내일 갖다주겠다고 할까, 외상이 영어로 뭐였더라, 그냥 다시 버스 타고 집에 가서 카드 가지고 나올까… 고민하고 있는데 지나가던 경비원이 말을 건다.

"무슨 일 있어?"

"아, 그게, 카드를 숙소에 두고 왔는데 현금이 7.5유로뿐이야. 입장료는 8유로잖아. 50센트가 부족해서 여기 앉아 있어."

"내가 50센트 줄게. 얼른 들어가서 봐!"

"아, 아니야, 아, 고마워. 내가 내일 꼭 갖다줄게."

"괜찮아. 아름다운 시간 보내."

에곤 실레의 작품이 가장 많이 소장되어 있다는 레오폴드 박물관은 생각보다 훨씬 좋았다. 얼마나 좋았는지, 야간 개장을 하는 날이라 늦은 시간까지 둘러볼 수 있었는데도 시간이 빠듯했다. 끝날 시간이 다 되어 겨우 로비로 나오다가 그를 다시 만났다. 그의 이름은 프레디라고 했다. 한 번 더 감사의 인사를 전하며 물었다.

"사랑이 뭐라고 생각해?"

"아름다운 것. 여기 있는 그림들 다 봤지? 너무 아름답잖아. 이게 사랑이 아니면 뭐겠어?"

BEAUTIFUL

Freddy

더 낯선 도시의 덜 낯선 사람

마드리드에 가면 새끼 돼지구이를 꼭 먹어보라고 했다. 여행 책자에서 그랬다. 마드리드에 도착하자마자 짐도 풀지 않은 채 민박집 사장님에게 새끼 돼지구이를 먹고 싶은데 맛있는 식당을 예약해 줄 수 있는지부터 물었다. 흔쾌히 예약해 주겠다고, 그런데 새끼 돼지구이는 반 마리부터 주문할 수 있어서 혼자 먹기에 양이 많을 거라고 했다. 알겠다고, 일단 예약해달라고 하고 방으로 들어와 옆 침대에 누워 있는 낯선 여자에게 말을 걸었다.

"저기요, 혹시, 저녁에 새끼 돼지 먹으러 갈래요?"

지금 생각하니 아주 기괴한 질문인데, 침대에 엎드려 선잠을 자고 있던 여자는 묻지도 따지지도 않고 "그래요" 하고는 다시 잠들었다. 제대로 듣고 대답을 한 건가, 찜찜한 마음으로 짐을 대충 풀고 침대 근처에 '7시에 방에서 만나요'라는 수상한 메모를 남긴 채 숙소를 나섰다. 시내를 정처 없이 걸으면서 후회했다. 아, 괜히 먹

자고 했나? 유서 깊은 레스토랑에서 처음 보는 여자와 단둘이 새끼 돼지구이라니, 생각만 해도 너무 이상하잖아?

걱정이 무색하게 식사는 나쁘지 않았다. 소문대로 새끼 돼지구이는 맛있었고, 유명한 식당이라 그런가 안 그래도 소란한 데다가 중간중간 악단이 들어와 코앞에서 연주를 하니 굳이 대화를 나누지 않아도 괜찮았다. 게다가 여자는 질문이 별로 없었다. 그 점이 무척 마음에 들었다. 나이도, 사는 지역도, 학교도 묻지 않고 별말 없이, 대화가 끊어지면 끊어지는 대로 음식에 집중하는 서로가 편했다. 식사를 마치고 숙소로 돌아가서 같은 방을 쓰는 사람들과 이런저런 이야기를 나눈 뒤에도 여자에 대한 정보는 이름이 '성민'이라는 것뿐이었다.

마드리드를 떠나기 전날, 그제야 다음 도시의 숙소를 찾으며 허둥거리고 있는데 성민이 처음으로 질문을 했다.

"이제 어디로 가요?"

"빌바오로 가요."

"빌바오? 나도 빌바오 가는데? 저는 모레 출발할 거예요."

"오, 정말요? 사람들이 빌바오 잘 안 가던데, 반갑다!"

"그러게요, 빌바오에 구겐하임밖에 볼 게 없잖아요. 나는 산세바스티안 가려고 들르는 거예요. 하루 머물고 떠날 거예요."

"나도 빌바오 다음에 산세바스티안 가요! 그러고 설마 바르셀로나 갈 건 아니죠?"

"오 마이 갓. 우리 거기서 잠깐씩이라도 볼래요? 되게 반가울 것 같은데!"

"좋죠! 연락해요. 빌바오 먼저 가 있을게요."

성민과 나는 네 개의 도시에서 하루씩 만나 시간을 보냈다. 숙소가 같은 것도 아니고 일정을 무리하게 맞추는 것도 아니고, 시간 되면 저녁 먹자(빌바오), 날씨 좋은데 수영할까?(산세바스티안), 우리 오늘은 클럽 가자(바르셀로나)···. 동네 친구 만나듯 슬렁슬렁 놀다가 가까워졌다. 성민도 낯선 사람이기는 마찬가지지만, 더 낯선 도시에서 덜 낯선 사람을 만나는 건 오래된 친구를 만나는 것만큼이나 반갑고 즐거운 일이었다.

한국에 돌아와서도 우리는 서로의 집을 오가며 몇 년을 만났다(알고 보니 15분 거리에 사는 진짜 동네 친구였다). 지금은 자연스럽게 연락이 뜸해져 다시 낯선 사람이 되었지만 문득 성민의 무심한 편안함이 생각날 때가 있다. 각자의 삶을 살다가 언젠가 "새끼 돼지 먹으러 갈래?" 하면 묻지도 따지지도 않고 "그러자" 할 것 같은 그녀. 다시 만날 때까지 잘 지내고 있으면 좋겠다.

여행의 방법

쇠퇴한 공업 도시를 미술관 하나가 일으켜 세웠다는, 전설의 포켓몬, 아니 전설의 구겐하임미술관을 실제로 보고 싶어서 빌바오를 일정에 구겨 넣었다. 급하게 정하느라 숙소도 전날 겨우 구했다. 정보도 많이 없고 보기보다 가격이 저렴해서 괜찮을까 싶었는데, 알고 보니 산티아고 순례길을 걷는 사람들이 묵는 숙소였다.

4인실에 배정되어 짐을 풀고 있는데 왜소한 여자아이가 방으로 들어온다. 2주째 순례길을 걷는 중이라는 피아. 걷다가 무릎에 문제가 생겨 며칠 쉬어갈 겸 이 숙소에 묵는다고 했다. 독일에서 왔다는 그녀는 함께 지내는 내내 화장기 없는 뽀얀 얼굴에 트레이드 마크처럼 빨간 티를 입고 다녔다. 아침마다 자고 있는 그녀를 깨워(나보다 늦게 일어나는 룸메이트는 처음이다) 조식을 먹으러 가면 빵 반쪽에 주스 한 잔, 과일 몇 조각을 천천히 먹고, 남은 빵 반쪽을 챙겨 방으로 올라간다. 그러고는 종일 거의 먹지도 않고 어딜 가지도

않고 그저 방과 마당을 오가며 쉰다. 뭐지? 얘는?

 또 다른 룸메이트는 미국에서 온 제시카. 이름부터 표정과 말투까지 누가 봐도 미국 사람인 제시카는 피아와 정반대다. 아침에 일어나면 제시카는 이미 나가고 없다. 새벽같이 일어나서 하이킹하러 갔거나, 벌써 다녀와서 아침을 먹고 있거나 둘 중 하나다. 소식하는 피아와 달리 제시카는 볼 때마다 빵과 시리얼, 요거트, 주스 등을 산처럼 쌓아 놓고 양껏 먹는다.

잘 먹어서 그런가, 새벽에 산에 다녀왔으면서 아침 먹고 방에 올라와 지도를 펼치며 "오늘은 여기까지 올라가서 패러글라이딩할 거야"라거나, 종일 밖에서 놀다 들어와서는 "오늘 축구 경기한다는데, 시내에 사람 구경하러 갈까?" 같은 말을 아무렇지 않게 하는 에너자이저다. 뭐지? 얘는?

피아와 제시카가 양쪽에서 서로 다른 에너지를 뿜고 있을 때, 나는 주로 그들을 관찰하며 화장하고 옷을 고른다. 평소처럼 화장을 하고 있는데 피아가 물었다.

"왜 그렇게 예쁘게 하고 나가? 만날 사람도 없잖아."

"화장을 안 하면 밖에 나갈 수가 없어."

"안 한 게 더 예쁜데? 진짜야."

"하얀 거짓말이네. 고마워, 기분은 좋아."

"진짜래도! 내 옛날 사진 보여줄까?"

피아가 사진을 보여주었을 때 장난치는 줄 알았다. 이게 너라고? 농담하지 마. 화장이 진한 건 둘째 치고 눈빛도 표정도 도저히 같은 사람이라고 볼 수 없었다. 나보다 한 살 어린 그녀는 열세 살 때부터 술을 마시고 담배를 피고 매일 파티를 즐겼다고 했다.

더 이상 이렇게 살면 안 될 것 같아서 작은 배낭 하나에 600유로만 들고 집을 나왔다고, 독일에 있을 땐 하루도 화장을 안 한 날이 없었는데 화장기 없이 그저 나로 다닐 수 있는 지금이 너무 좋다고, 심지어 지금 얼굴이 더 마음에 든다고, 앞으로 6주는 더 걸을 텐데

최소한의 음식과 잘 곳만 있으면 된다고 말하는 피아가 나보다 훨씬 어른 같았다.

"혼자 걷는 길이 무섭거나 외롭지는 않아? 가족이랑 친구도 그리울 것 같은데."

"전혀. 스스로에 대해 생각하고 집중하는 지금이 너무 좋아."

오늘도 최선을 다해 쉴 거라며 책과 담배를 가지고 나가는 뒷모습을 보면서 스스로에게 집중하고 볕을 쬐는 것만으로도 충분하겠다는 생각이 들었다. 그러고 보니 전혀 다른 두 사람에게도 공통점이 하나 있다. 둘 다 보여주기 위해 여행하지 않는다. 사진도 거의 안 찍고, SNS도, 화장도 안 한다. 적은 돈으로 긴 여행을 와서 배낭 하나에 운동화를 신고 자기답게 여행을 즐기고 있었다. 처음으로 내 커다란 트렁크와 그 안에 가득 들어 있는 물건들이 조금 부끄럽게 느껴졌다. 이런 여행도 있구나. 나는 어떤 여행을 하고 있는 걸까. 어떤 여행을 하고 싶은 걸까.

"다녀올게" 하고 숙소를 나설 때 매일 똑같은 자리에서 "응 다녀와" 하는 피아. 종일 여기저기를 떠돌다 지쳐서 돌아오면 또 같은 자리에서 "왔어?" 하는 피아. 함께하는 마지막 밤이라 같이 먹으려고 샀다며 애착 배낭에서 와인 한 병을 꺼내는 제시카. 산세바스티안에 가면 꼭 가보라고 지역 소식지에 실린 서핑 강습 정보를 오려주는 제시카. 이 친구들 덕분에 빌바오는 구겐하임미술관 말고도 기억할 게 더 생겼다.

암스테르담행 야간열차

 귀국을 며칠 남기고, 나는 몹시 지쳐 있었다. 마지막 도시인 암스테르담으로 가기 위해 야간열차를 타러 가는 길, 제발 아무도 나에게 말 걸지 않았으면 좋겠다고 생각했다. 가방도 무겁고 몸도 무겁고 여행이고 낭만이고 이제는 제발 김치찌개를 먹고 싶다!

 영혼 없이 기차를 기다리는데 동양인 여자아이가 눈에 띄었다. 한국인인가? 눈이 마주칠까 봐 얼른 열차에 올랐다. 좌석을 확인하고 익숙하게 충전기부터 꽂는데, 충전이 안 된다. 아무리 기다려도 승무원은 보이지 않고, 남은 배터리는 13퍼센트. 열차에서 충전할 생각으로 미리 안 한 내 탓이오, 내 탓이오. 구부렁구부렁 몸을 일으켜 주변을 살핀다. 아까 봤던 그 여자아이가 바로 옆 칸이잖아? 염치도 양심도 없이 물었다. 혹시, 한국분이세요?

 중국인이라는 답이 돌아온다. 미안하지만 충전 좀 하다 가도 되냐고 묻자 흔쾌히 그러라고 자리를 내어주는 그녀의 이름은 차오, 암스테르담에서 유학 중인 학생이었다. 아무 말도 하고 싶지 않다더니, 앉아서 수다를 떨다가 날이 밝았다. 덕분에 배터리도 나도 기운을 차렸다고 고마웠다고 인사를 하고 일어서는데 차오가 주소 하나를 건넸다.

"암스테르담 가면 저녁 먹자, 어때?"

"좋지."

"그 주소로 와. 찾아올 수 있겠어?"

"찾아가 볼게."

"그래, 그럼 오늘 저녁 6시에 거기서 보자."

"응, 얼른 한숨 자. 이따 보자!"

유학생이니까, 잘 아는 맛집이 있나 보다 했다. 암스테르담에 도착해 숙소에 짐을 풀고 반 고흐 미술관에서 시간을 보내다가 차오가 적어준 주소로 향했다. 이렇게 친절하게 버스 번호, 내려야 할 정류장 이름까지 써 놓으면 못 찾을 수가 없잖아? 그렇게 도착한 곳은 웬 기숙사 앞이었다. 정류장에 편한 차림의 차오가 서 있었다.

"어서 와! 찾아오기 힘들었지?"

"자세히 적어줘서 바로 찾았어. 근데 여기가 어디야?"

"우리 학교 기숙사야. 여기서 밥 먹자."

"여기서? 난 식당 가는 줄 알았어."

"일단 들어와 봐."

아기자기하게 꾸며진 기숙사 방에는 흰 밥과 뜨끈한 국이 올라간

밥상이 차려져 있었다.

"여행하는 동안 밥 잘 못 챙겨 먹었지? 같이 저녁 먹자."

이런 곳에서 이런 환대를 받을 거라고는 생각도 못 했다. 벙벙한 내게 수저를 쥐여 주고 고기찜과 반찬을 내어놓는 차오를 보며 눈물이 찔끔 났다. 어떻게 이럴 수 있지?

그날 저녁, 밥을 두 그릇이나 해치우고 차오의 룸메이트까지 합세해 한국 드라마 얘기, 학교 얘기, 연애 얘기를 하면서 끝도 없이 수다를 떨었다. 겨우 막차 타고 숙소로 돌아가며, 여행이 아니라 오랜만에 친구네 집에서 놀다 가는 기분이 들었다. 내가 타고 있는 게 트램이 아니었다면 여기가 서울인지 암스테르담인지 구분하기 어려웠을 것이다. 숙소에 도착하자마자 일기를 쓰려고 노트를 펼쳤다가 기차에서 차오에게도 사랑이 뭔지 물어봤었다는 걸 깨달았다.

"사랑은 사람을 강하고 용감하게 만들어. 상처 따위는 잊고 삶을 더 의미 있게 살 수 있도록 해주거든."

Love makes people
 Strong and Courageous.
I~~t makes~~ help ~~them~~
 forget their wounds
 and living more...
Meaningful Life
— chao̎

에필로그

이 책이 꼭 세상에 나와야 할까?

 12년 동안 이 책이 서랍 속에 묻혀 있던 이유입니다. 책 만드는 일을 직업으로 삼으면서는 더더욱 망설이다 아예 잊고 살았어요. 이걸 누가 읽어? 나무도 시간도 낭비하지 말자. 지금도 비슷한 생각입니다.

 우연한 기회로 다시 책을 만들기 위해 사진과 글을 더듬으며 한동안은 영 집중이 되지 않았습니다. 아주 많은 시간이 흐른 만큼 아주 많은 것이 달라졌기 때문입니다. 스물셋이었던 저는 서른다섯이 되었고, 결혼을 하고 두 아이의 엄마가 되었습니다. 그때 그렇게 찾고 싶었던 사랑의 의미도 이젠 그걸 꼭 알아야 하나? 싶습니다. 사랑이 뭐라고 생각하는 게 뭣이 중헌디, 그냥 사랑하면서 살면 되지.

 생각할수록 '러브 프로젝트'는 그때의 저라서 할 수 있는 유난한 일이었던 것 같습니다. 그래서, 그러니까, 용기를 내보기로 합니다.

이 책에는 온통 길을 잃는 이야기뿐입니다. 그렇게 길에서 버린 시간이 얼마나 많을까요. 무슨 용기로 계획도 없고 돈도 없고 대책도 없고 아무 생각도 없이 유럽에 간 건지 도통 이해가 가지 않습니다. 이제 막 돌이 지난 둘째가 낮잠 자는 사이에 잠깐, 저녁에 남자 셋을 재우고 잠깐, 매일 시간을 쪼개고 쪼개 글을 다듬으면서 또? 또 길을 잃고 길에 앉아 있어? 답답해하다가 문득 생각했습니다. 다시 없을 시간이구나, 불안하고 막막했지만 정말 귀한 시간이었구나. 그러다 또 생각합니다. 조금 다른 이유로 불안하고 막막한 지금도 다시 없을 귀한 시간이겠구나, 아이들이 자라고 나면 나는 또 이 시간을 그리워하며 기록하려고 하겠구나, 만끽해야겠다.

20대의 제 소원은 한결같이 '사랑하고 사랑받는 사랑스러운 사람이 되는 것'이었습니다. 요즘 저는 사랑이 남발하는 나날을 보내고 있습니다. 수시로 사랑한다는 말을 듣고 말하며 이렇게 크고 온전한 사랑을 독차지해도 되는 걸까? 하는, 어린아이를 키우는 아기 엄마의 특권을 누리는 중입니다. 어쩌면 그래서 더 이상 사랑의 의미가 궁금하지 않은 건지도 모르겠습니다. 그러나 하나 여전한 것이 있다면, '조금이라도 사람을 바꿀 수 있는 유일한 것은 사랑뿐이라고(62p)' 생각한다는 겁니다.

사랑 타령이 길었습니다. 아이 울음소리가 들려 황급히 마무리해야겠습니다. 모두 사랑하고 사랑받으면서 사랑스럽게 사시기를, 오늘을 만끽하시기를!

| 이름서재 |

각자의 이름에는
각자의 이야기가 있습니다.
당신의 이름은 무엇인가요?
어떤 이야기를 가지고 계신가요?

낯선 사람

초판 1쇄 2025년 1월 1일

지은이　김은지
사　진　김은지
편　집　김은지
디자인　김은지

펴낸곳　이름서재
출판등록 2024년 11월 12일 제2024-000145호
주　소　서울시 영등포구 당산로222 1101호

ISBN 979-11-990176-0-3 (02810)

* 이 책은 저작권법에 의해 보호받는 저작물이므로 무단 전재와
  무단 복제를 금합니다.
* 본문 서체는 김민정 디자이너의 Mapo꽃섬을 사용하였습니다.